러시아어
토르플 기본단계
실전 모의 고사
①

러시아어 토르플 기본단계 실전 모의 고사
❶

초판 인쇄 2017년 08월 16일
초판 발행 2017년 08월 23일

지은이 Ilona Istomina

펴낸이 김선명
펴낸곳 뿌쉬긴하우스
편집 Evgeny Shtefan, 김영실
디자인 박은비

주소 서울시 중구 동호로 15길 8, 리오베빌딩 3층
전화 02) 2237-9387
팩스 02) 2238-9388
홈페이지 www.pushkinhouse.co.kr

출판등록 2004년 3월1일 제2004-0004호

ISBN 978-89-92272-31-5 14790
978-89-92272-64-3 (세트)

© Ilona Istomina
© Pushkin House, 2017

저작권법에 의해 한국 내에서 보호를 받는 저작물이므로 무단 전재와 무단 복제를 금합니다.

Тест по русскому языку как иностранному
Базовый уровень

토르플 고득점을 위한 모의고사 시리즈

TORFL
러시아어
토르플 기본단계
실전 모의 고사 1

И. А. Истомина 지음

뿌쉬낀하우스

※ MP3 파일은 뿌쉬낀하우스 홈페이지(www.pushkinhouse.co.kr)에서 무료로 내려받을 수 있습니다.
또한 스마트폰을 통해 QR코드를 스캔하면 듣기 영역 MP3 파일을 바로 청취할 수 있습니다.

contents

토르플 길라잡이 _6

1부 테스트

Субтест 1.　　ЛЕКСИКА. ГРАММАТИКА 어휘, 문법 영역　_11

Субтест 2.　　ЧТЕНИЕ 읽기 영역　_26

Субтест 3.　　АУДИРОВАНИЕ 듣기 영역　_38

Субтест 4.　　ПИСЬМО 쓰기 영역　_43

Субтест 5.　　ГОВОРЕНИЕ 말하기 영역　_44

2부 정답

어휘, 문법 영역 정답　_53

읽기 영역 정답　_55

듣기 영역 정답 및 녹음 원문　_56

쓰기 영역 예시 답안　_66

말하기 영역 예시 답안　_68

첨부: 답안지 РАБОЧИЕ МАТРИЦЫ　_75

1. 토르플 시험이란?

토르플(TORFL)은 'Test of Russian as a Foreign Language'의 약자로 러시아 교육부 산하기관인 '러시아어 토르플 센터'에서 주관하는 외국인 대상 러시아어 능력 시험이다. 기초 단계에서 4단계까지 총 여섯 단계로 나뉘어 있으며 시험 과목은 어휘·문법, 읽기, 듣기, 쓰기, 말하기의 다섯 영역으로 구성되어 있다. 현재 토르플은 러시아 내 대학교의 입학 시험, 국내 기업체, 연구소, 언론사 등에서 신입사원 채용 시험 및 직원들의 러시아어 실력 평가를 위한 방법으로 채택되고 있다.

2. 토르플 시험 단계

토르플 시험은 기초단계, 기본단계, 1단계, 2단계, 3단계, 4단계로 나뉘어 있다.

· 기초단계 (элементарный уровень)
  일상생활에서 필요한 최소한의 러시아어 구사가 가능한 가장 기초 단계이다.

· 기본단계 (базовый уровень)
  일상생활에서 필요한 기본적인 의사 소통이 가능한 단계이다.

· 1단계 (I сертификационный уровень)
  일상생활에서의 자유로운 의사소통뿐만 아니라, 사회, 문화, 역사 등의 분야에서 러시아인과 대화가 가능한 공인단계이다. 러시아 대학에 입학하기 위해서는 1단계 인증서가 필요하며, 국내에서는 러시아어문계열 대학졸업시험이나 기업체의 채용 및 사원 평가 기준으로도 채택되고 있다.

· 2단계 (II сертификационный уровень)
  원어민과의 자유로운 대화뿐만 아니라, 문화, 예술, 자연과학, 공학 등 전문 분야에서도 충분히 의사소통이 가능한 공인단계이다. 2단계 인증서는 러시아 대학의 비어문계 학사 학위 취득을 위한 요건이며 석사 입학을 위한 자격 요건이기도 하다. 1단계와 마찬가지로 국내에서는 러시아어문계열 대학졸업시험이나 기업체의 채용 및 사원 평가 기준으로도 채택되고 있다.

· 3단계 (III сертификационный уровень)
사회 전 분야에 걸쳐 고급 수준의 의사소통 능력을 지니고 있어 러시아어로 전문적인 활동이 가능한 공인단계이다. 러시아 대학의 비어문계열 석사와 러시아어문학부 학사 학위를 취득하기 위해서 3단계 인증서가 필요하다.

· 4단계 (IV сертификационный уровень)
원어민에 가까운 러시아어 구사 능력을 지니고 있는 가장 높은 공인단계로, 이 단계의 인증서를 획득하면 러시아어문계열의 모든 교육과 연구 활동이 가능하다. 4단계 인증서는 러시아어문학부 석사, 비어문계열 박사, 러시아어 교육학 박사 등의 학위를 취득하기 위한 요건이다.

3. 토르플의 시험영역
토르플 시험은 어휘·문법, 읽기, 듣기, 쓰기, 말하기의 다섯 영역으로 구성되어 있다.

· 어휘·문법 영역 (ЛЕКСИКА. ГРАММАТИКА)
객관식 필기 시험으로 어휘와 문법을 평가한다. (*사전 이용 불가)

· 읽기 영역 (ЧТЕНИЕ)
객관식 필기 시험으로 주어진 본문과 문제를 통해 독해 능력을 평가한다. (*사전 이용 가능)

· 듣기 영역 (АУДИРОВАНИЕ)
객관식 필기 시험으로 들려 주는 본문과 문제를 통해 이해 능력을 평가한다. (*사전 이용 불가)

· 쓰기 영역 (ПИСЬМО)
주관식 필기 시험으로 주제에 알맞은 작문 능력을 평가한다. (*사전 이용 가능)

· 말하기 영역 (ГОВОРЕНИЕ)
주관식 구술 시험으로 주어진 상황에 적합한 말하기 능력을 평가한다. (*사전 이용이 가능한 문제도 있음)

4. 토르플 시험의 영역별 시간

구분	기초 단계	기본 단계	1단계	2단계	3단계	4단계
어휘·문법 영역	50분	50분	60분	90분	90분	60분
읽기 영역	50분	50분	50분	60분	60분	60분
듣기 영역	30분	30분	35분	35분	35분	45분
쓰기 영역	40분	50분	60분	55분	75분	80분
말하기 영역	25분	40분	60분	45분	45분	50분

*토르플 시험의 영역별 시간은 시험 시행기관마다 조금씩 다를 수 있습니다.

5. 토르플 시험의 영역별 만점

구 분	기초 단계	기본 단계	1단계	2단계	3단계	4단계
어휘·문법 영역	100	110	165	150	100	141
읽기 영역	120	180	140	150	150	136
듣기 영역	100	180	120	150	150	150
쓰기 영역	80	80	80	65	100	95
말하기 영역	130	180	170	145	150	165
총 점수	530	730	675	660	650	687

6. 토르플 시험의 합격 점수

구 분	기초 단계	기본 단계	1단계	2단계	3단계	4단계
어휘·문법 영역	75–100점 (66%이상)	82–110점 (66%이상)	109–165점 (66%이상)	99–150점 (66%이상)	66–100점 (66%이상)	93–141점 (66%이상)
읽기 영역	90–120점 (66%이상)	135–180점 (66%이상)	92–140점 (66%이상)	99–150점 (66%이상)	99–150점 (66%이상)	89–136점 (66%이상)
듣기 영역	75–100점 (66%이상)	135–180점 (66%이상)	79–120점 (66%이상)	99–150점 (66%이상)	99–150점 (66%이상)	99–150점 (66%이상)
쓰기 영역	60–80점 (66%이상)	60–80점 (66%이상)	53–80점 (66%이상)	43–65점 (66%이상)	66–100점 (66%이상)	63–95점 (66%이상)
말하기 영역	98–130점 (66%이상)	135–180점 (66%이상)	112–170점 (66%이상)	96–145점 (66%이상)	99–150점 (66%이상)	108–165점 (66%이상)

1부 테스트

Субтест 1. ЛЕКСИКА. ГРАММАТИКА

Инструкция по выполнению субтеста

- Время выполнения субтеста – 50 минут.

- Субтест состоит из 5 частей (100 заданий).

- При выполнении теста пользоваться словарём нельзя.

- Вы получили тест и матрицу. Напишите ваши имя и фамилию на каждом листе матрицы.

- В тесте слева даны предложения (1, 2 и т. д.), справа – варианты выбора. Выберите правильный вариант и отметьте соответствующую букву в матрице.

    Например:

    (Б – правильный ответ).

- Если вы ошиблись и хотите исправить ошибку, сделайте так:

    (В – ошибка, Б – правильный вариант).

ЧАСТЬ 1

Задания 1–23. Выберите правильный ответ.

Моя сестра уже 2 года ходит в языковой центр, но ещё плохо говорит … **(1)**.	(А) английский язык (Б) по-английски (В) с английским языком (Г) английского языка

Мы сидели в театре очень далеко, поэтому я … **(2)** не видел.	(А) ничего (Б) ничем (В) ничто (Г) что
Актёр … **(3)** зрителям, как он выбрал свою профессию. Он … **(4)** им заниматься в жизни любимым делом.	(А) разговаривал (Б) спросил (В) посоветовал (Г) рассказал
– Алло! Я в кафе. Иди быстрее … **(5)**, я тебя уже давно жду.	(А) туда (Б) сюда (В) там (Г) тут
Я … **(6)** русским языком каждый день по 2 часа. И по вечерам … **(7)** новые слова.	(А) учусь (Б) занимаюсь (В) делаю (Г) учу
Моя сестра … **(8)** меня на 3 года.	(А) старая (Б) старшая (В) старше (Г) старинная
Ты давно написал мне письмо? Извини, я только вчера его … **(9)**.	(А) прислал (Б) получил (В) сделал (Г) послал
Мой сосед хорошо … **(10)** в футбол. Он … **(11)** футболом 3 раза в неделю. Иногда он даже не … **(12)** домашнее задание, потому что поздно приходит со стадиона.	(А) занимается (Б) делает (В) играет (Г) интересуется

Я … **(13)** музыкой, … **(14)** много русских песен.	(А) знаю (Б) могу (В) умею (Г) занимаюсь
Мне нравится … **(15)** с друзьями в выходные.	(А) встречать (Б) встречаться (В) встретить (Г) встретиться
Преподаватель … **(16)**, кто сделал домашнее задание.	(А) спросил (Б) попросил (В) посоветовал (Г) разговаривал
Я … **(17)**, как ты шёл на стадион. Ты … **(18)** матч?	(А) смотрел (Б) видел
Саша серьёзно … **(19)**, сегодня не придёт на лекцию.	(А) больной (Б) больница (В) больно (Г) болеет
Мне нравится учиться в этой школе, потому что наш класс очень … **(20)**.	(А) дружно (Б) дружба (В) дружный (Г) друзья
Кто эта красивая … **(21)** в красном платье? Чья это … **(22)**?	(А) женщина (Б) жена (В) жениться (Г) женская

… **(23)** этого писателя прошла в деревне, недалеко от Москвы.	(А) Молодой (Б) Молодёжь (В) Молодость (Г) Молодёжный

ЧАСТЬ 2

Задания 24–29. Выберите правильный вариант.

… **(24)** любимого актёра зовут Олег Меньшиков. … **(25)** папе он тоже нравится.	(А) Мой (Б) Моего (В) Моему (Г) О моём
Я уже познакомился … **(26)** в нашей группе, и мне … **(27)** нравятся.	(А) все (Б) со всеми (В) обо всех (Г) всем
Давай поедем … **(28)** сегодня в супермаркет. Я помогу … **(29)** привезти продукты домой.	(А) с тобой (Б) тебя (В) у тебя (Г) тебе

ЧАСТЬ 3

Задания 30–45. Выберите правильный вариант.

Расскажу … **(30)** о моём хобби. Меня зовут Минджун. Я люблю путешествовать. Я уже ездил … **(31)**.

Сейчас мечтаю полететь … **(32)**. Наверно, поеду … **(33)**.

Сначала долечу … **(34)**, сделаю там… **(35)**, осмотрю … **(36)**, потом полечу дальше. В Турции буду фотографировать … **(37)**, что увижу. Когда вернусь … **(38)**, приглашу в гости … **(39)**, покажу им … **(40)**, расскажу … **(41)**. Если они попросят … **(42)**, я с удовольствием пошлю … **(43)** фото по и-мэйлу.

Я советую … **(44)** тоже путешествовать. Так приятно потом вспоминать … **(45)**!

30. (А) вы

(Б) вас

(В) вам

(Г) о вас

31. (А) Италия, Франция, Швеция, Америка

(Б) в Италии, Франции, Швеции, Америке

(В) в Италию, Францию, Швецию, Америку

(Г) с Италией, Францией, Швецией, Америкой

32. (А) в Турцию

(Б) из Турции

(В) в Турции

(Г) с Турцией

33. (А) десятое июня

(Б) следующая неделя

(В) год назад

(Г) в июне

34. (А) от Москвы
    (Б) в Москву
    (В) в Москве
    (Г) до Москвы

35. (А) пересадка
    (Б) пересадку
    (В) с пересадкой
    (Г) о пересадке

36. (А) главные достопримечательности города
    (Б) главными достопримечательностями города
    (В) главных достпримечательностей города
    (Г) с главными достопримечательностями города

37. (А) всего интересного
    (Б) всему интересному
    (В) всем интересным
    (Г) всё интересное

38. (А) в дом
    (Б) домой
    (В) дома
    (Г) в доме

39. (А) всех своих друзей
    (Б) всем своим друзьям
    (В) все мои друзья
    (Г) со всеми своими друзьями

40. (А) интересных фотографий

(Б) интересными фотографиями

(В) интересные фотографии

(Г) для интересных фотографий

41. (А) своего путешествия

(Б) своё путешествие

(В) своему путешествию

(Г) о своём путешествии

42. (А) мне

(Б) я

(В) меня

(Г) обо мне

43. (А) им

(Б) их

(В) они

(Г) о них

44. (А) каждый из вас

(Б) каждому из вас

(В) каждого из вас

(Г) для каждого из вас

45. (А) поездка

(Б) поездке

(В) для поездки

(Г) о поездке

Задания 46–59. Выберите правильный вариант.

Каждый год … **(46)** … **(47)** отмечается День русского языка. … **(48)** мы вспоминаем … **(49)** – … **(50)**. Это день рождения … **(51)**.

В разных городах проходят книжные и литературные фестивали.

6 июня в Москве можно бесплатно войти … **(52)**. На Пушкинской площади собираются … **(53)** послушать стихи поэта. Организаторы приглашают… **(54)** … **(55)**, где проходят мастер-классы и праздничные концерты.

Известные политики и работники сферы культуры поздравляют … **(56)** … **(57)**.

Все россияне знают, что без … **(58)** нет … **(59)**.

46. (А) шестое июня
 (Б) шестого июня
 (В) шестому июня
 (Г) на шестое июня

47. (А) всего мира
 (Б) во всём мире
 (В) о всём мире
 (Г) всему миру

48. (А) В этот день
 (Б) Этого дня
 (В) На этот день
 (Г) Этот день

49. (А) великого русского поэта
(Б) великий русский поэт
(В) с великим русским поэтом
(Г) великому русскому поэту

50. (А) Александра Сергеевича Пушкина
(Б) Александр Сергеевич Пушкин
(В) с Александром Сергеевичем Пушкиным
(Г) Александру Сергеевичу Пушкину

51. (А) «солнце» русской поэзии
(Б) «солнца» русской поэзии
(В) «солнцу» русской поэзии
(Г) для «солнца» русской поэзии

52. (А) в Пушкинском музее
(Б) к Пушкинскому музею
(В) в Пушкинский музей
(Г) из Пушкинского музея

53. (А) желающие
(Б) желающих
(В) желающим
(Г) от желающих

54. (А) все горожане
(Б) о всех горожанах
(В) всех горожан
(Г) всем горожанам

55. (А) в парки, музеи, библиотеки

(Б) в парках, музеях, библиотеках

(В) к паркам, музеям, библиотекам

(Г) о парках, музеях, библиотеках

56. (А) народ

(Б) народа

(В) народу

(Г) о народе

57. (А) праздник

(Б) о празднике

(В) с праздником

(Г) для праздника

58. (А) Пушкин

(Б) Пушкину

(В) Пушкиным

(Г) Пушкина

59. (А) российской историей и российской культурой

(Б) российскую историю и российскую культуру

(В) российской истории и российской культуры

(Г) российская история и российская культура

ЧАСТЬ 4

Задания 60–70. Выберите правильный вариант.

Летом я хочу … **(60)** в Испанию, на море.	(А) поехать (Б) поездить (В) доехать
Когда я … **(61)** до дома, было уже 7 часов вечера.	(А) пришёл (Б) дошёл (В) ушёл
Студенты … **(62)** в Москву завтра, после обеда.	(А) ездят (Б) доедут (В) приедут
Идите прямо, потом … **(63)** дорогу, там будет ваша остановка.	(А) перейдите (Б) уйдите (В) дойдите
Мне кажется, я … **(64)** не на своей остановке.	(А) ушёл (Б) шёл (В) вышел
От Сеула до Москвы мы … **(65)** 8 часов.	(А) улетели (Б) летели (В) прилетели
Экзамен … **(66)** хорошо: я получила «пятёрку».	(А) прошёл (Б) вышел (В) перешёл
Сегодня я … **(67)** с работы пораньше, чтобы пойти в больницу.	(А) шёл (Б) ушёл (В) дошёл

На улице ко мне … **(68)** женщина и спросила, где находится станция метро.	(А) отошла (Б) шла (В) подошла
Гости … **(69)** ко мне ровно в 5 часов.	(А) ушли (Б) пришли (В) перешли
Извините за опоздание. Можно … **(70)**?	(А) войти (Б) прийти (В) идти

Задания 71–85. Выберите правильный вариант.

Не забудь завтра … **(71)** с собой паспорт, авиабилеты и деньги.	(А) брать (Б) взять (В) возьмёшь
Каждый день бабушка … **(72)** телевизор в 8 часов.	(А) включает (Б) включит (В) включила
Декан пришёл и … **(73)**: «В пятницу будет студенческая конференция».	(А) сказал (Б) говорил (В) скажет
Я люблю … **(74)** вопросы преподавателю после урока.	(А) задавать (Б) задать (В) задаю

Урок … **(75)** на 10 минут раньше, поэтому мы рано вернулись домой.	(А) кончался (Б) кончалось (В) кончился
Олег … **(76)** в сумке ключ, который недавно потерял.	(А) находил (Б) нашёл (В) найти
Телепрограмма обычно … **(77)** в 11 часов, но сегодня … **(78)** в 11часов 30 минут.	(А) началось (Б) начинается (В) началась
… **(79)** мне, пожалуйста, открыть дверь.	(А) Помогай (Б) Помоги (В) Помог
Максим окончил школу и сразу … **(80)** в известный университет, потому что хорошо учился.	(А) поступал (Б) поступил (В) поступает
Наш преподаватель вчера впервые … **(81)** нас в гости.	(А) пригласил (Б) приглашал (В) пригласит
Почему ты такая грустная? Что … **(82)**?	(А) случалось (Б) случается (В) случилось
Маша … **(83)** картины. У неё уже есть большая коллекция.	(А) собирает (Б) соберёт (В) будет собирать

У нас сегодня было 5 уроков, и я очень … **(84)**.	(А) уставал (Б) устал (В) устану
Кирилл недавно … **(85)** другу письмо с фотографиями.	(А) посылает (Б) посылал (В) послал

ЧАСТЬ 5

Задания 86–100. Выберите правильный вариант.

Студентка легко ответила на вопрос, … **(86)** задал профессор. Это был вопрос о фильме, … **(87)** она интересуется.	(А) который (Б) которого (В) о котором (Г) которым
Программа, … **(88)** недавно кончилась, называется «Жди меня». Это программа, … **(89)** многие любят и смотрят.	(А) которую (Б) которой (В) которая (Г) с которой
Я долго искала красивое платье, … **(90)**, к сожалению, не нашла.	(А) а (Б) или (В) но (Г) тоже
Я изучаю русский язык, … **(91)** планирую стать преподавателем. Я хочу, … **(92)** в нашем городе открылся центр изучения русского языка.	(А) потому что (Б) поэтому (В) что (Г) чтобы

… **(93)** вы попросили сделать эту работу?	(А) Кого (Б) Кому (В) Кто (Г) О ком
… **(94)** ты положил очки?	(А) Куда (Б) Где (В) Когда (Г) Откуда
Я начал изучать экономику … **(95)**. … **(96)** я поеду на конференцию по экономике.	(А) год назад (Б) через год (В) год (Г) два года
… **(97)** команда забила 3 гола и победила. Когда … **(98)** закончился, все пошли по домам.	(А) во время матча (Б) до матча (В) после матча (Г) матч
… **(99)** завтра у меня будет свободная минутка, я приду к тебе, … **(100)** отдать тебе книгу.	(А) если (Б) ли (В) чтобы (Г) поэтому

Субтест 2. ЧТЕНИЕ

Инструкция по выполнению субтеста

- Время выполнения субтеста – 50 минут.

- Субтест состоит из 4 частей (40 заданий).

- При выполнении субтеста можно пользоваться словарём.

- При выполнении заданий нужно выбрать правильный вариант ответа и отметить соответствующую букву в матрице.

Например:

(Б – правильный ответ).

- Если вы ошиблись и хотите исправить ошибку, сделайте так:

(В – ошибка, Б – правильный вариант).

ЧАСТЬ 1

Задания 1–5. Прочитайте сообщения и найдите логическое продолжение этой информации в вариантах (А, Б, В).

1. **Я с детства занимаюсь шахматами и уже добился хороших результатов.**

    (А) В детстве я мечтал стать космонавтом.

    (Б) Я недавно стал чемпионом в своём городе.

    (В) У меня много друзей, которых я знаю с детства.

2. На конференции много говорили о том, как вредно курить.

(А) Самым интересным был доклад об опасности гриппа.

(Б) Поэтому после конференци организаторы продавали сигареты.

(В) Поэтому на конференцию специально пригласили молодёжь – школьников и студентов.

3. Скидки в магазине одежды «Радуга»: минус 50% на тёплую одежду.

(А) Такой цены на летние платья и юбки ещё не было!

(Б) Вы можете купить зимнюю обувь за половину цены!

(В) Только сегодня у вас есть шанс купить пальто очень дёшево!

4. Президент России прилетел с официальным визитом в Санкт-Петербург.

(А) В аэропорту Президента встречали известные политики и жители города.

(Б) Завтра страна отмечает День Победы – праздник победы Красной армии и советского народа над Германией в Великой Отечественной войне 1941–1945 годов.

(В) Недавно Президент подписал новый закон.

5. Уважаемые пассажиры! Работники метро просят вас не оставлять свои вещи и сумки без присмотра.

(А) Если вы нашли чьи-то вещи, сразу позвоните в полицию.

(Б) Скоро в Москве откроется новая станция метро.

(В) Из-за ремонта переход на станцию «Охотный ряд» закрыт.

ЧАСТЬ 2

Задания 6–10. Прочитайте объявления, новости и фрагмент статьи из газет. Определите их тему или основную идею.

6. Продам квартиру в тихом районе Санкт-Петербурга. Пятиэтажный дом. Современная планировка. Недалеко от дома – магазины, кинотеатр, станция метро, автобусная остановка, парк, музей. Прекрасный вид из окна на исторические здания. На первом этаже дома – ресторан русской кухни. Тел.: 262-61-31.

Тема объявления:

(А) Продажа квартиры

(Б) Приглашение в ресторан русской кухни

(В) Достопримечательности Санкт-Петербурга

7. Отдам в хорошие руки симпатичного белого котёнка. Девочка. Зовут Анфиса. 5 месяцев. Очень добрая, ласковая. С ней вы никогда не будете скучать! Она – прекрасный друг! Любит играть и спать, много ест, любит чистоту. Фотографии можно посмотреть в альбоме на моей странице в фейсбуке.

В объявлении вам предлагают:

(А) взять на воспитание ребёнка

(Б) взять к себе домашнее животное

(В) познакомиться с новой подругой

8. Международный фестиваль цветов откроется в мае в одном из парков нашего города. На фестиваль приедут дизайнеры из разных стран – России, Италии, Франции, Канады и др. Для всех желающих будут проходить мастер-классы по флористике. В дни работы фестиваля планируется также организовать концерты молодёжного оркестра, который будет играть в парке музыку Чайковского.

В тексте рассказывается о:

(А) музыкальном фестивале

(Б) талантливых иностранных дизайнерах

(В) цветочном фестивале

9. Учёные из Германии доказали, что африканские дети умеют ждать лучше, чем европейские. В эксперименте участвовали четырёхлетние дети из Камеруна и Германии. Им дали десерт и предложили съесть его сразу или ждать, чтобы потом получить ещё больше. Немецкие дети выбирали первый вариант и ели десерт сразу. Африканские дети смотрели на сладости, которые лежали перед ними на столе, и ждали, когда им дадут больше. Учёные считают, что причина такого поведения – разное воспитание.

Экперимент показал, что:

(А) африканские дети более терпеливые, чем европейские

(Б) европейские дети более голодные, чем африканские

(В) все дети одинаковые

10. Есть или не есть? Этот вопрос ежедневно задают себе тысячи женщин в мире.

Российская певица Лариса Долина предложила свою оригинальную диету. Есть надо понемногу, 5 6 раз в день; через день пить только кефир; отказаться от сладкого, солёного, мучного и ужинать в 17 часов.

Лариса Долина активно работала над собой. Она даже серьёзно занялась хоккеем. Через 5 лет певица стала настоящей красавицей.

Автор новостей пишет, что:

(А) диета и спорт помогут добиться результата

(Б) самое главное в диете – не есть поздно вечером

(В) только правильное питание помогает похудеть

ЧАСТЬ 3

Задания 11–25. Прочитайте краткое описание телепрограмм, а затем выполните задания.

(А) «Поле чудес»

Телеигра. Выходит с 1991 года каждую пятницу. Ведущий – Леонид Якубович.

В игре есть три части и финал, в которых участвуют 3 игрока.

В начале ведущий объявляет тему игры. Это может быть любая тема – свадьба, город, птицы, еда… Потом он показывает слово на эту тему, в котором закрыты все буквы. Игроки должны понять, какое это слово.

Каждый участник называет одну букву из русского алфавита. Если такая буква есть в слове, то её открывают, и этот игрок получает баллы. Если нет – отвечает следующий игрок.

Игроки, которые победили в трёх частях игры, выходят в финал. Тот, кто первый угадает слово в финале, становится победителем игры и получает приз, который сам может выбрать.

После этого ведущий предлагает победителю сыграть в суперигру – ответить на самый трудный вопрос и получить ещё более ценный приз или… потерять всё! Победитель может рискнуть, согласиться играть дальше или отказаться от суперигры.

(Б) «Пусть говорят»

Ток-шоу для домохозяек. Выходит с 2001 года с понедельника по четверг. Ведущий – Андрей Малахов.

Ведущий с героями обсуждают разные проблемы – социальные, психологические, государственные. Любимые темы этого ток-шоу – семейные скандалы, жизнь известных артистов, Олимпийские игры, международные музыкальные конкурсы…

Говорят, «словом делу не поможешь». Но это не так. Обычно приглашается один человек – герой-жертва. Он рассказывает всем свою проблему. Затем приглашаются его родственники, знакомые или свидетели ситуации. Они тоже высказывают своё мнение о проблеме. Они могут быть на стороне героя или против него. Ведущий и зрители стараются понять, кто прав, а кто виноват, а также помочь герою.

В зрительном зале сидят не только обычные люди, но и известные юристы, врачи, актёры, политики, которые готовы дать совет герою программы.

(В) «Званый ужин»

Кулинарное реалити-шоу. Выходит с 2006 года с понедельника по пятницу. Ведущие – Григорий Шевчук и Александр Ковалёв (меняются каждую неделю).

Еженедельно в шоу участвуют 5 совершенно незнакомых людей. С понедельника по пятницу игроки приглашают гостей на ужин к себе домой.

Участники составляют меню из трёх блюд – закуски, основного блюда и десерта. Ведущий помогает покупать продукты в супермаркете и готовить. У участника есть только три часа для приготовления ужина.

Каждый также должен подготовить что-то интересное для гостей: песню, танец, конкурсы... Иногда участники планируют вечер на какую-нибудь одну тему: «шляпная» вечеринка, индийский ужин, вечеринка бабочек... Такие темы помогают сделать ужин интереснее. В конце каждого ужина все игроки ставят оценки хозяину дома. Победителем становится тот, кто получит самую высокую оценку. Результаты объявляются в конце последнего ужина, в пятницу. Победитель получает большой денежный приз.

11. Ведущий этой программы старается помочь решить проблему героя.
12. Эта программа – кулинарное шоу.
13. Эта программа выходит 4–5 раз в месяц.
14. Участники этой программы должны угадать слово.
15. Участнику этой программы помогает не только ведущий, но и разные известные люди, которые сидят в зале.
16. Победитель этой программы сам выбирает свой приз.
17. Чтобы победить в этой игре, нужно уметь готовить.
18. Эта программа выходит 4 раза в неделю.
19. Герои этой программы не получают приз.
20. Это программа о жизни, о реальных проблемах людей.
21. Победителем этой программы становится самый умный участник.
22. Герои этой передачи ходят в магазин.
23. Участник этой программы должен уметь развеселить других участников.
24. Эта программа – самая грустная из трёх.
25. В этой программе не один ведущий.

ЧАСТЬ 4

Задания 26–40. Прочитайте текст. Вам нужно понять основную информацию текста и его значимые детали.

Николай Николаевич Дроздов

Он совершил два кругосветных путешествия, участвовал в сотне экспедиций, написал 20 книг и больше двухсот статей, работает на отечественном телевидении с 1968 года. Он – учёный, профессор МГУ, теле- и радиоведущий, народный любимец, его знают, любят и уважают все. И всё это – Николай Николаевич Дроздов.

20 июня 1937 года в семье профессора Николая Сергеевича Дроздова и врача Надежды Павловны Дрейлинг родился симпатичный мальчик. С самого детства он огромное количество времени посвящал природе. Когда Коля был ещё учеником общеобразовательной школы, он каждое лето на каникулах пас лошадей на подмосковном конном заводе.

После окончания школы Николай стал студентом биологического факультета МГУ имени М. В. Ломоносова. Но через два года он решил доказать родителям, что он умеет зарабатывать деньги самостоятельно, и ушёл работать на швейную фабрику, где работал мастером по пошиву мужской одежды. Но в душе он чувствовал какой-то дискомфорт, поэтому вернулся к учёбе. Николай серьёзно занимался, блестяще окончил университет, стал учёным.

Наступил 1968 год. Николай Дроздов выступил в популярной телевизионной передаче. «В мире животных» – так называется эта программа, собирающая у экранов телевизоров сотни тысяч зрителей. Прошло девять лет, и Николай Николаевич стал автором и ведущим этой передачи.

Он приглашал в гости учёных, путешественников, деятелей охраны природы. Это были Тур Хейердал, Джеральд Даррел, Жак-Ив Кусто, Джон Спаркс. В 1995 году передача получила приз «ТЭФИ» как лучшая из просветительских программ.

Николай Дроздов много времени отдавал науке, работе, поэтому поздно женился. Его жена – Татьяна Петровна Дроздова – тоже биолог. Удивительно, что со своей будущей женой Николай Николаевич случайно познакомился в лифте. Они жили в одном доме, но на разных этажах. Их дети – Надежда и Елена – тоже посвятили свою жизнь природе: Надежда – биолог, а Елена – ветеринар.

С 1970 года Николай Дроздов не ест мясо. Он ездил в Индию, помогал снимать фильм о животных, читал там литературу йогов и понял, что нужно отказаться от мяса по трём причинам. Во-первых, мы отдаём слишком много сил и энергии на то, чтобы переварить мясо. Во-вторых, есть моральная причина: нельзя обижать животных. Наконец, духовная причина: Николай Дроздов считает, что вегетарианцы – это спокойные, доброжелательные и мирные люди.

Николай Николаевич уверен, что здоровое питание и движение – секрет долголетия. Он говорит, что двадцатый век подарил нам удобства, от которых мы болеем. Поэтому он советует нам забыть о диване, мягких креслах, подушках и одеялах, вставать рано и бегать.

Когда уже немолодого Дроздова пригласили принять участие в реалити-шоу «Последний герой», он сразу согласился. «Последний герой» – это опыт жизни на острове в океане, где никто не живёт и ничего нет: ни воды, ни еды, ни кровати, ни одежды, ни дома, ни семьи… Всё нужно сделать самому и найти самому. Две команды живут в тяжёлых условиях, борются за большой денежный приз. Но Николай Николаевич поехал на остров не за призом, а чтобы изучать природу острова. И во второй раз, когда его пригласили в программу, он тоже согласился. Это был уникальный шанс для учёного познакомиться с новыми интересными животными.

Николай Дроздов – бесконечный оптимист, разносторонний человек. Кроме биологии, он занимается йогой, катается на лыжах, любит играть на гитаре и петь на разных языках романсы и песни.

26. Николай Дроздов – это учёный, который изучает … .

(А) музыку

(Б) природу

(В) космос

27. Николай Дроздов сейчас работает … .

(А) на телевидении и на радио

(Б) на телевидении, на радио, в университете

(В) на телевидении, в университете, на швейной фабрике

28. Николай Дроздов начал интересоваться природой … .

(А) в детстве

(Б) в студенческие годы

(В) с 1970 года

29. Николай Дроздов пошёл работать на швейную фабрику, потому что … .

(А) хотел показать, что он не ребёнок

(Б) очень плохо учился

(В) родители попросили его

30. Университет, который окончил Николай Дроздов, находится … .

(А) в Москве

(Б) в Санкт-Петербурге

(В) во Владивостоке

31. Программа «В мире животных» … .

(А) собирает мало зрителей

(Б) не нравится людям

(В) пользуется большой популярностью

32. Татьяна Дроздова – это … .

(А) мама Николая Дроздова

(Б) жена Николая Дроздова

(В) дочь Николая Дроздова

33. Николай Дроздов встретил свою будущую жену … .

   (А) в экспедиции

   (Б) на острове, во время программы «Последний герой»

   (В) в доме, где жил

34. Жена Дроздова по профессии … .

   (А) врач

   (Б) биолог

   (В) инженер

35. Николай Николаевич объехал мир вокруг … .

   (А) один раз

   (Б) два раза

   (В) три раза

36. Николай Дроздов думает, что можно жить долго, если … .

   (А) много двигаться и есть здоровую еду

   (Б) бегать по вечерам и есть мясо

   (В) спать на удобном диване

37. Решение стать вегетарианцем Николай Дроздов принял … .

   (А) ещё в детстве

   (Б) после поездки в Индию

   (В) во время реалити-шоу

38. Николай Николаевич согласился участвовать в программе «Последний герой», чтобы … .

   (А) получить большой денежный приз

   (Б) изучать природу

   (В) познакомиться с новыми интересными людьми

39. Николай Дроздов участвовал в программе «Последний герой» … .

(А) один раз

(Б) два раза

(В) три раза

40. В свободное время Николай Дроздов любит … .

(А) заниматься спортом и музыкой

(Б) спать

(В) путешествовать по Индии

Субтест 3. АУДИРОВАНИЕ

Инструкция по выполнению субтеста

- Время выполнения субтеста – 30 минут.

- Субтест состоит из 5 частей (30 заданий).

- При выполнении теста пользоваться словарём нельзя.

- После каждого прослушанного сообщения или диалога нужно выполнить задание: выбрать правильный вариант ответа и отметить соответствующую букву в матрице.

Например:

(Б – правильный ответ).

- Если вы ошиблись и хотите исправить ошибку, сделайте так:

(В – ошибка, Б – правильный вариант).

- Все аудиотексты звучат два раза.

ЧАСТЬ 1

Задания 1–5. Прослушайте сообщения. Выберите из трёх вариантов (А, Б, В) тот, который по смыслу соответствует услышанному сообщению.

(Звучат сообщения и задания к ним)

1. (А) Анна завтра точно не пойдёт в университет.
   (Б) Если завтра Анна будет больна, она будет отдыхать дома.
   (В) Анна не пойдёт завтра в университет, если будет здорова.

2. (А) Завтра в меню будут суп, мясо с картофелем и десерт.
   (Б) Сегодня можно купить суп, рыбу с картофелем и десерт.
   (В) Сегодня вы сможете поесть суп, курицу, картофель и сладкий пирог.

3. (А) Вы можете за небольшие деньги купить новую квартиру.
   (Б) Вы можете дорого продать свою квартиру.
   (В) Недорого можно купить старую квартиру на пятом этаже.

4. (А) В нашем университете много интересных специальностей.
   (Б) Скоро в университете появится ещё одна новая специальность.
   (В) Недавно в университете открылась новая специальность – «переводчик».

5. (А) Скоро вы узнаете новости политики и экономики.
   (Б) Вчера вы смотрели новости культуры и спорта.
   (В) Новости экономики и политики вы сможете посмотреть завтра.

ЧАСТЬ 2

Задания 6–10. Прослушайте диалоги и выполните задания к ним. Вам нужно понять темы диалогов.

(Звучат диалоги и задания к ним)

6. Они говорили … .

    (А) о кино

    (Б) о больнице

    (В) о любви

7. Они говорили … .

    (А) об опере

    (Б) о конференции

    (В) об экскурсии

8. Они говорили … .

    (А) о Москве

    (Б) об университете

    (В) об экскурсии

9. Они говорили … .

    (А) о русской зиме

    (Б) о покупках

    (В) о метро в России

10. Они говорили … .

    (А) о почте

    (Б) о подруге

    (В) о магазине

ЧАСТЬ 3

Задания 11–15. Прослушайте диалоги и ответьте на вопросы к каждому из них.

11. Скажите, откуда ходит автобус до аэропорта? Автобус до аэропорта ходит … .

(А) с вокзала

(Б) из центра города

(В) от университета

12. Скажите, когда Хери поедет на родину? Хери поедет на родину … .

(А) в декабре

(Б) в январе

(В) в феврале

13. Скажите, где будет концерт? Концерт будет … .

(А) в университете

(Б) в парке

(В) в общежитии

14. Скажите, сколько стоит обед из двух блюд? Обед из двух блюд стоит … .

(А) 150 рублей

(Б) 200 рублей

(В) 30 рублей

15. Скажите, почему Мира не пришла вчера на урок? Мира не пришла вчера на урок, потому что … .

(А) она встретила родителей

(Б) она ходила в больницу

(В) она ездила в Москву на экскурсию

ЧАСТЬ 4

Задания 16–23. Прочитайте в матрице вопросы, на которые вы будете отвечать. Слушайте диалог и записывайте в матрицу информацию о Хёну.

ЧАСТЬ 5

Задания 24–30. Прослушайте объявление и запишите в матрице основную информацию.

Субтест 4. ПИСЬМО

Инструкция по выполнению теста

- Время выполнения субтеста – 50 минут.
- Субтест содержит 1 задание.
- При выполнении субтеста можно пользоваться словарём.

Задание. Вы недавно познакомились с русским другом. Напишите ему письмо и расскажите ему о вашем хобби. Узнайте у друга, чем он интересуется.

Напишите:

– много ли у вас свободного времени;

– какое у вас хобби, чем вы интересуетесь;

– когда у вас появилось это хобби;

– где вы занимаетесь любимым делом;

– как много времени вы отдаёте своему хобби;

– почему вам нравится ваше хобби;

– какие у вас успехи.

Посоветуйте другу тоже попробовать заниматься этим хобби. Объясните, почему это интересно.

В вашем письме должно быть не менее 18–20 предложений.

Субтест 5. ГОВОРЕНИЕ

Инструкция по выполнению субтеста

- Время выполнения субтеста – 40 минут.
- Субтест содержит 4 задания.

Инструкция по выполнению заданий 1 и 2

- Время выполнения заданий – 10 минут.
- Задания выполняются без предварительной подготовки. Вам нужно принять участие в диалогах.
- Помните, что вы должны дать полный ответ (ответы «да», «нет» или «не знаю» не являются полными).

Задание 1 (позиции 1–5). Примите участие в диалоге. Ответьте собеседнику.

1. – Вы женаты (замужем)?
   – … .

2. – Извините, вы не знаете, когда и где будет выставка?
   – … .

3. – У вас есть домашние животные? Если да, то кто?
   – … .

4. – Скажите, куда вы поедете летом отдыхать?

 – … .

5. – Я не знаю адрес больницы. Где находится больница? Это далеко отсюда? Можно дойти пешком?

 – … .

Задание 2 (позиции 6–10). Познакомьтесь с ситуацией. Начните диалог.

6. Сегодня первый учебный день в университете. Расскажите о себе на уроке.

7. У вас завтра день рождения. Пригласите друга (подругу) на свой праздник.

8. Ваш друг потерял телефон на улице. Посоветуйте, что ему делать.

9. Вчера вы не были на уроке. Позвоните преподавателю и объясните, почему.

10. Недавно вы посмотрели новый фильм. Расскажите об этом фильме другу (подруге): как он называется, о чём этот фильм, кто в главных ролях, какой это фильм (грустный или весёлый, интересный или скучный).

Инструкция по выполнению задания 3

- Время выполнения задания – 25 минут (15 минут – подготовка, 10 минут – ответ).

Задание 3 (позиции 11–12).

11. Прочитайте текст, кратко изложите его содержание.

Ёлка

Это было перед Новым годом. Мне было пять лет, а моей сестрёнке Лёле – семь. В закрытой комнате стояла нарядная ёлка, а под ёлкой лежали подарки.

Однажды Лёля сказала мне:

– Минька, мама ушла на кухню. Давай пойдём в комнату, где стоит ёлка, и посмотрим, что там делается.

Мы с Лёлей вошли в комнату. И видим: очень красивая ёлка. А под ёлкой лежат подарки. А на ёлке флаги, фонарики, золотые орехи, конфеты и яблочки.

Моя сестрёнка Лёля сказала:

– Не будем смотреть подарки. А давай лучше съедим по одной конфете.

И она подошла к ёлке и быстро съела одну конфету.

Я сказал ей:

– Лёля, если ты съела конфету, то я тоже сейчас что-нибудь съем.

И я съел маленький кусочек яблока.

Лёля продолжала:

– Минька, тогда я сейчас другую конфету съем.

А Лёля была очень высокая девочка. И она могла высоко достать. Она достала конфету, которая висела высоко, и начала есть её.

А я был удивительно маленького роста. И около меня висело только одно яблоко.

Я сказал:

– Если ты, Лёля, съела вторую конфету, то я съем ещё один кусочек яблока.

И я снова взял руками это яблочко и съел кусочек.

Лёля продолжала:

– Если ты второй раз откусил яблоко, то я сейчас съем третью конфету и ещё возьму себе игрушку и орех.

Тогда я сказал:

– А я, Лёля, поставлю к ёлке стул и возьму себе тоже что-нибудь, кроме яблока.

И я хотел поставить к ёлке стул. Но стул упал на меня, а потом на подарки.

Лёля сказала:

– Минька, ты, кажется, сломал игрушку.

Вдруг мы услышали, что идёт мама, и убежали в другую комнату.

В этот момент к нам пришли гости. Много детей с их родителями.

И тогда наша мама открыла дверь и сказала:

– Все входите.

И все дети вошли в комнату, где стояла ёлка.

Наша мама сказала:

– Теперь пусть каждый ребёнок подходит ко мне, и я каждому буду давать игрушку и сладости.

И вот дети начали подходить к нашей маме. И она каждому дарила игрушку. Потом брала с ёлки яблоко и конфету и тоже дарила ребёнку.

И все дети были очень рады. Потом мама взяла в руки то яблоко, которое я ел, и сказала:

– Лёля и Минька, идите сюда. Кто из вас ел это яблоко?

Лёля сказала:

– Это Минькина работа.

Мама сказал мне:

– Я хотела тебе подарить маленькую машину. Но теперь этот подарок я дам тому мальчику, которому я хотела дать яблоко.

И она взяла машину и подарила его одному четырёхлетнему мальчику. И тот мальчик стал с ней играть.

И я рассердился и ударил этого мальчика по руке игрушкой. И он начал громко кричать и плакать. Его мама сказала:

– Я не буду больше приходить к вам в гости с моим мальчиком.

И я сказал:

– Можете уходить, и тогда машинка будет моя.

И та мама удивилась моим словам и сказала:

– Наверное, ваш мальчик будет плохим человеком.

И тогда моя мама сказала той маме:

– Не говорите так про моего сына. Уходите со своим ребёнком и никогда к нам больше не приходите.

И та мама сказала:

– Хорошо.

И тогда ещё одна, третья мама, сказала:

– И я тоже уйду. Моя девочка получила игрушку, которую кто-то сломал.

И моя сестра Лёля сказала ей:

– Можете тоже уходить со своим ребёнком. И тогда игрушка будет моя.

И тогда все гости ушли.

Но вдруг в комнату вошёл наш папа.

Он сказал нам:

– Очень жаль, что мои дети так плохо себя ведут. Вам будет трудно жить на свете, и у вас не будет друзей. Идите спать.

Сейчас мне сорок лет. Я хорошо запомнил папины слова, и никогда не делал ничего такого плохого.

(по М. Зощенко)

12. Расскажите, что вы думаете о героях и ситуации в рассказе.

Инструкция к выполнению задания 4

- Время выполнения задания – 15 минут (10 минут – подготовка, 5 минут – ответ).
- Вы должны подготовить сообщение на предложенную тему (12–15 предложений).
- При подготовке задания можно пользоваться словарём.

Задание 4. Подготовьте сообщение на тему: «Мой день».

Вопросы:

- Вы учитесь или работаете?
- Где вы живёте: дома или в общежитии?
- Во сколько вы обычно утром встаёте?
- Вы принимаете душ?
- Вы завтракаете? Что вы едите на завтрак?
- Куда вы идёте/едете потом: в университет или на работу?
- Какое у вас расписание в университете, сколько уроков? / Что вы делаете на работе: работаете на компьютере, разговариваете с людьми или что-то ещё?

- Где вы обедаете: в столовой, в ресторане или приносите еду с собой? Что вы едите на обед?

- До скольки вы учитесь/работаете?

- Во сколько вы возвращаетесь домой?

- Где и с кем вы ужинаете: дома или в ресторане, один (одна) или с семьёй/друзьями? Что вы едите на ужин?

- Что вы делаете вечером: смотрите телевизор, читаете книги, играете в компьютерные игры или что-то ещё?

- Во сколько вы спите?

2부 정답

Контрольные матрицы

ЛЕКСИКА. ГРАММАТИКА

어휘, 문법 영역 정답

Часть 1	1	А	**Б**	В	Г
	2	**А**	Б	В	Г
	3	А	Б	В	**Г**
	4	А	Б	**В**	Г
	5	А	**Б**	В	Г
	6	А	**Б**	В	Г
	7	А	Б	В	**Г**
	8	А	Б	**В**	Г
	9	А	**Б**	В	Г
	10	А	Б	**В**	Г
	11	**А**	Б	В	Г
	12	А	**Б**	В	Г
	13	А	Б	В	**Г**
	14	**А**	Б	В	Г
	15	А	**Б**	В	Г
	16	**А**	Б	В	Г
	17	А	**Б**	В	Г
	18	**А**	Б	В	Г
	19	А	Б	В	**Г**
	20	А	Б	**В**	Г
	21	**А**	Б	В	Г
	22	А	**Б**	В	Г
	23	А	Б	**В**	Г
Часть 2	24	А	**Б**	В	Г
	25	А	Б	**В**	Г

	26	А	**Б**	В	Г
	27	**А**	Б	В	Г
	28	**А**	Б	В	Г
	29	А	Б	В	**Г**
Часть 3	30	А	Б	**В**	Г
	31	А	Б	**В**	Г
	32	**А**	Б	В	Г
	33	А	Б	В	**Г**
	34	А	Б	В	**Г**
	35	А	**Б**	В	Г
	36	**А**	Б	В	Г
	37	А	Б	В	Г
	38	А	**Б**	В	Г
	39	А	Б	В	Г
	40	А	Б	**В**	Г
	41	А	Б	В	**Г**
	42	А	Б	**В**	Г
	43	**А**	Б	В	Г
	44	А	**Б**	В	Г
	45	А	Б	В	**Г**
	46	А	**Б**	В	Г
	47	А	**Б**	В	Г
	48	**А**	Б	В	Г
	49	**А**	Б	В	Г
	50	**А**	Б	В	Г

	№				
	51	А	**Б**	В	Г
	52	А	Б	**В**	Г
	53	**А**	Б	В	Г
	54	А	Б	**В**	Г
	55	**А**	Б	В	Г
	56	**А**	Б	В	Г
	57	А	Б	**В**	Г
	58	А	Б	В	**Г**
	59	А	Б	**В**	Г
Часть 4	60	**А**	Б	В	
	61	А	**Б**	В	
	62	А	Б	**В**	
	63	**А**	Б	В	
	64	А	Б	**В**	
	65	А	**Б**	В	
	66	**А**	Б	В	
	67	А	**Б**	В	
	68	А	Б	**В**	
	69	А	**Б**	В	
	70	**А**	Б	В	
	71	А	**Б**	В	
	72	**А**	Б	В	
	73	**А**	Б	В	
	74	**А**	Б	В	
	75	А	Б	**В**	

	№				
	76	А	**Б**	В	
	77	А	**Б**	В	
	78	А	Б	**В**	
	79	А	**Б**	В	
	80	А	**Б**	В	
	81	**А**	Б	В	
	82	А	Б	**В**	
	83	**А**	Б	В	
	84	А	**Б**	В	
	85	А	Б	**В**	
Часть 5	86	**А**	Б	В	Г
	87	А	Б	В	**Г**
	88	А	Б	**В**	Г
	89	**А**	Б	В	Г
	90	А	Б	**В**	Г
	91	**А**	Б	В	Г
	92	А	Б	В	**Г**
	93	**А**	Б	В	Г
	94	**А**	Б	В	Г
	95	**А**	Б	В	Г
	96	А	**Б**	В	Г
	97	**А**	Б	В	Г
	98	А	Б	В	**Г**
	99	**А**	Б	В	Г
	100	А	Б	**В**	Г

ЧТЕНИЕ

읽기 영역 정답

Часть 1	1	А	**Б**	В		21	**А**	Б	В
	2	А	Б	**В**		22	А	Б	**В**
	3	А	Б	**В**		23	А	Б	**В**
	4	**А**	Б	В		24	А	**Б**	В
	5	**А**	Б	В		25	А	Б	**В**
Часть 2	6	**А**	Б	В	Часть 4	26	А	**Б**	В
	7	А	**Б**	В		27	А	**Б**	В
	8	А	Б	**В**		28	**А**	Б	В
	9	**А**	Б	В		29	**А**	Б	В
	10	**А**	Б	В		30	**А**	Б	В
Часть 3	11	А	**Б**	В		31	А	Б	**В**
	12	А	Б	**В**		32	А	**Б**	В
	13	**А**	Б	В		33	А	Б	**В**
	14	**А**	Б	В		34	А	**Б**	В
	15	А	**Б**	В		35	А	**Б**	В
	16	**А**	Б	В		36	**А**	Б	В
	17	А	Б	**В**		37	А	**Б**	В
	18	А	**Б**	В		38	А	**Б**	В
	19	А	**Б**	В		39	А	**Б**	В
	20	А	**Б**	В		40	**А**	Б	В

АУДИРОВАНИЕ

듣기 영역 정답

Часть 1	1	А	**Б**	В
	2	А	Б	**В**
	3	**А**	Б	В
	4	А	**Б**	В
	5	**А**	Б	В
Часть 2	6	**А**	Б	В
	7	А	**Б**	В
	8	А	Б	**В**
	9	А	**Б**	В
	10	**А**	Б	В
Часть 3	11	**А**	Б	В
	12	А	Б	**В**
	13	А	**Б**	В
	14	**А**	Б	В
	15	**А**	Б	В

Часть 4

Хёну позвонил (куда?)	в бассейн
16. Он будет плавать (в какое время?)	в 8 часов вечера
17. Он будет приходить (в какие дни?)	в понедельник и в пятницу
18. Это стоит (сколько рублей в месяц?)	2400 рублей в месяц
19. Чтобы не опоздать, надо прийти (в какое время?)	в 7:40
20. Нужно взять с собой (что?)	одежду и паспорт
21. До бассейна можно доехать (на чём?)	на метро или на трамвае
22. Хёну (сколько лет?)	21 год
23. Телефон Хёну	8-983-268-21-11

Часть 5

Вы слушали объявление	об экскурсии
24. Экскурсия по городу (какому?)	по Екатеринбургу
25. Экскурсия будет (когда?)	1 марта
26. Экскурсия будет (в какое время?)	с 9 до 15 часов
27. Вы получите в подарок (что?)	книгу
28. Экскурсия стоит (сколько рублей?)	1000 рублей
29. Нужно взять с собой (что?)	тёплую одежду и воду
30. Турфирма находится (где?)	в центре города

녹음 원문

ЧАСТЬ 1

Задания 1–5. Прослушайте сообщения. Выберите из трёх вариантов (А, Б, В) тот, который по смыслу соответствует услышанному сообщению.

1. Если Анна завтра будет плохо себя чувствовать, она не пойдёт в университет.

(А) Анна завтра точно не пойдёт в университет.

(Б) Если завтра Анна будет больна, она будет отдыхать дома.

(В) Анна не пойдёт завтра в университет, если будет здорова.

2. Сегодняшнее меню: на первое – суп, на второе – курица с картофелем, на десерт – пирог с яблоком.

(А) Завтра в меню будут суп, мясо с картофелем и десерт.

(Б) Сегодня можно купить суп, рыбу с картофелем и десерт.

(В) Сегодня вы сможете поесть суп, курицу, картофель и сладкий пирог.

3. Продаю квартиру в новом доме на пятом этаже. Вид на парк. Рядом станция метро и автобусная остановка. Недорого.

(А) Вы можете за небольшие деньги купить новую квартиру.

(Б) Вы можете дорого продать свою квартиру.

(В) Недорого можно купить старую квартиру на пятом этаже.

4. Скоро в нашем университете откроется новая специальность – «переводчик».

(А) В нашем университете много интересных специальностей.

(Б) Скоро в университете появится ещё одна новая специальность.

(В) Недавно в университете открылась новая специальность – «переводчик».

5. Здравствуйте! Вы смотрите новости. В ближайшие 15 минут мы расскажем вам о мировой политике и экономике.

(А) Скоро вы узнаете новости политики и экономики.

(Б) Вчера вы смотрели новости культуры и спорта.

(В) Новости экономики и политики вы сможете посмотреть завтра.

ЧАСТЬ 2

Задания 6–10. **Прослушайте диалоги и выполните задания к ним. Вам нужно понять темы диалогов.**

6. – Я вчера посмотрел интересный фильм о любви. Герой фильма – русский врач, работает в больнице, любит девушку из Франции.

– Интересно! А какие актёры там играют?

– Как их зовут точно не помню. Но очень советую тебе посмотреть.

Слушайте диалог ещё раз.

Они говорили … .

(А) о кино

(Б) о больнице

(В) о любви

7. – Ты слышал, что 28 (двадцать восьмого) мая будет студенческая конференция?

– Да? Какая программа?

– С 9 (девяти) до 12 (двенадцати) первая часть, потом перерыв 30 (тридцать) минут, потом до 16 (шестнадцати) часов будет вторая часть.

Слушайте диалог ещё раз.

Они говорили … .

(А) об опере

(Б) о конференции

(В) об экскурсии

8. – Маша, ты помнишь, что в субботу мы едем на экскурсию в Казань?

– Помню. А что мы там будем смотреть?

– Кремль, главную туристическую улицу, пойдём в традиционный татарский ресторан.

– Понятно. Где встречаемся? Как обычно, около университета?
– Нет, рядом с вокзалом, в 9 (девять) часов утра.
– Хорошо. До встречи!

Слушайте диалог ещё раз.

Они говорили … .
(А) о Москве
(Б) об университете
(В) об экскурсии

9. – Сегодня так холодно, а у меня нет шапки и шарфа.
   – Тогда пойдём в магазин и купим.
   – Что ещё нужно купить для русской зимы?
   – Тёплое пальто.
   – Где продаётся хорошая и недорогая одежда?
   – В магазине, недалеко от метро.

   Слушайте диалог ещё раз.

   Они говорили … .
   (А) о русской зиме
   (Б) о покупках
   (В) о метро в России

10. – Оля, мама отправила мне открытку к Новому году 2 (две) недели назад, но я ещё не получил её.
    – Не волнуйся. Ты же знаешь, что сейчас в России каникулы, почта не работает.
    – Когда почта начнёт работать? Я хочу послать письмо подруге.
    – Думаю, с 8 (восьмого) января уже будет работать.

Слушайте диалог ещё раз.

Они говорили ... .
(А) о почте
(Б) о подруге
(В) о магазине

ЧАСТЬ 3

Задания 11–15. **Прослушайте диалоги и ответьте на вопросы к каждому из них.**

11. Скажите, откуда ходит автобус до аэропорта?

– Этот автобус едет в аэропорт?
– Нет, этот автобус едет в центр. Вам лучше поехать на вокзал, потому что оттуда каждые 30 (тридцать) минут ходит автобус в аэропорт.
– Сколько стоит билет до аэропорта?
– 350 рублей.
– Спасибо.

Слушайте диалог ещё раз.

Откуда ходит автобус до аэропорта? Автобус до аэропорта ходит ... .
(А) с вокзала
(Б) из центра города
(В) от университета

12. Скажите, когда Хери поедет на родину?

– Хери, ты поедешь на родину в январе, во время каникул?
– Я очень хочу поехать в январе, но уже купила билеты в Европу. Буду путешествовать. Потом, в начале февраля, поеду на родину, в Корею.
– А я поеду в декабре, сразу после экзаменов.

Слушайте диалог ещё раз.

Когда Хери поедет на родину? Хери поедет на родину … .
(А) в декабре
(Б) в январе
(В) в феврале

13. **Скажите, где будет концерт?**
– Ты пойдёшь на студенческий концерт?
– Пойду. Он будет проходить в университете, да?
– Сначала говорили, что в университете, но потом поменяли место – в парке около университета.
– Хорошо. Давай встретимся в общежитии и вместе пойдём.
– Давай!

Слушайте диалог ещё раз.

Где будет концерт? Концерт будет … .
(А) в университете
(Б) в парке
(В) в общежитии

14. **Скажите, сколько стоит обед из двух блюд?**
– Здравствуйте! Сколько стоит обед?
– Обед из трёх блюд стоит 200 (двести) рублей. Это суп, курица и блины. Обед из двух блюд стоит 150 (сто пятьдесят) рублей. Это только суп и блины.
– А сколько стоит чай?
– Зелёный чай стоит 30 (тридцать) рублей, чёрный – 20 (двадцать) рублей.
– Дайте, пожалуйста, обед из двух блюд.

Слушайте диалог ещё раз.

Сколько стоит обед из двух блюд? Обед из двух блюд стоит … .

(А) 150 рублей

(Б) 200 рублей

(В) 30 рублей

15. Скажите, почему Мира не пришла вчера на урок?

– Мира, вы вчера не были на уроке. Болели? Ходили в больницу?

– Извините, Мария Николаевна, я ездила в аэропорт встречать моих родителей. Они приехали на экскурсию в Москву.

– Это отличная новость!

Слушайте диалог ещё раз.

Почему Мира не пришла вчера на урок? Мира не пришла вчера на урок, потому что … .

(А) она встречала родителей

(Б) она ходила в больницу

(В) она ездила в Москву на экскурсию

ЧАСТЬ 4

Задания 16–23. **Прочитайте в матрице вопросы, на которые вы будете отвечать. Слушайте диалог и записывайте в матрицу информацию о Хёну.**

– Алло! Здравствуйте! Я хочу записаться в бассейн.

– Здравствуйте! В какое время вы будете плавать: утром, днём или вечером?

– Мне удобно вечером, с 6 (шести) до 8 (восьми).

– К сожалению, на это время нет свободных мест. Вы можете плавать с 5 (пяти) до 6 (шести) или с 8 (восьми) до 9 (девяти) часов вечера.

– Тогда запишите меня на 8 (восемь) часов, пожалуйста.

– Хорошо. В какие дни?

– В понедельник и в пятницу. Сколько это будет стоить?

– 2400 (две тысячи четыреста) рублей в месяц.
– Скажите, в какое время мне нужно прийти, чтобы не опоздать?
– Приходите в 7:40 (семь сорок), чтобы раздеться и сходить в душ.
– Что мне нужно взять с собой?
– Одежду и паспорт.
– Скажите, как я могу доехать до бассейна? На каком транспорте?
– На метро или на трамвае.
– Хорошо, спасибо.
– Как вас зовут?
– Пак Хёну.
– Сколько вам лет?
– 21 год.
– Ваш телефон, пожалуйста.
– 8-983-268-21-11.
– Я вас записала. Приходите в понедельник!
– Спасибо. До свидания!

Слушайте диалог ещё раз.

ЧАСТЬ 5

Задания 24–30. **Прослушайте объявление и запишите в матрице основную информацию.**

Уважаемые гости нашего города! Турфирма «Уралэкс» приглашает вас на автобусную экскурсию по Екатеринбургу! Экскурсия состоится 1 (первого) марта с 9 (девяти) до 15 (пятнадцати) часов.

В программе экскурсии: главный проспект и Площадь 1905 (тысяча девятьсот пятого) года, река Исеть, Уральский университет, Театр оперы и балета, Музей писателя Д. Н. Мамина-Сибиряка, обед в ресторане русской кухни.

С нами вы узнаете много интересного об уральской культуре, а также получите в подарок книгу с рассказами уральского писателя.

Стоимость экскурсии – 1000 (тысяча) рублей. Рекомендуем взять с собой тёплую одежду и воду.

Наша турфирма находится в центре города.

Информация по телефону: 342-25-69.

Слушайте объявление ещё раз.

ПИСЬМО
쓰기 영역 예시 답안

Задание. Вы недавно познакомились с русским другом. Напишите ему письмо и расскажите ему о вашем хобби. Узнайте у друга, чем он интересуется.

Напишите:

– много ли у вас свободного времени;

– какое у вас хобби, чем вы интересуетесь;

– когда у вас появилось это хобби;

– где вы занимаетесь любимым делом;

– как много времени вы отдаёте своему хобби;

– почему вам нравится ваше хобби;

– какие у вас успехи.

Посоветуйте другу тоже попробовать заниматься вашим хобби. Объясните, почему это интересно.

Первый вариант ответа

Привет, Женя!

Как у тебя дела? Какие новости?

У меня всё хорошо. Недавно начался семестр, поэтому у меня не очень много свободного времени.

Я хочу рассказать тебе о своём хобби. Я интересуюсь спортивными танцами.

Я начала танцевать ещё в детстве, когда мне было 7 лет. Моя мама привела меня в танцевальную студию. Сейчас я тоже занимаюсь в студии, недалеко от дома. Занятия проходят 2 раза в неделю по 2 часа. Мне нравятся латиноамериканские танцы.

Ты знаешь, что я активный человек, поэтому мне нравится такое активное хобби. Иногда я выступаю на концертах. Мой преподаватель говорит, что я хорошо танцую.

Если ты любишь активно проводить свободное время, советую тебе тоже попробовать записаться в танцевальную студию. Это интересно и полезно для здоровья.

А чем ты интересуешься? Что ты делаешь в свободное время?

Жду твоего письма.

Соён

Второй вариант ответа

Привет, Кирилл!

Как ты? Всё хорошо?

Я рад, что мы с тобой познакомились в Москве.

В прошлый раз я забыл тебе рассказать о своём хобби.

Сейчас каникулы, поэтому у меня много свободного времени. Я играю на гитаре. Я начал играть два года назад, когда поступил в университет.

В нашем университете есть специальная группа для студентов, которые интересуются гитарой.

Мы играем в музыкальной аудитории, на первом этаже университета. Там есть стулья, микрофоны. Это удобное место. Репетиции проходят каждую среду и каждый четверг, вечером.

Я всегда мечтал играть на гитаре и петь. Наконец, сейчас у меня есть такой шанс. Сейчас я уже умею играть некоторые известные корейские и русские песни.

Когда ты приедешь в Корею, я обязательно буду играть для тебя.

Советую тебе тоже заниматься музыкой, так как это интересно.

Напиши, чем интересуешься ты.

Жду ответа.

Мингиль

ГОВОРЕНИЕ
말하기 영역 예시 답안

Задание 1 (позиции 1–5). Примите участие в диалоге. Ответьте собеседнику.

1. – Вы женаты (замужем)?

1) – Нет, я ещё не женат (не замужем), но у меня есть девушка (парень).

2) – Да, я женат (замужем). Я женился (вышла замуж) в прошлом году. Мою жену зовут Наташа (Моего мужа зовут Сергей).

2. – Извините, вы не знаете, когда и где будет выставка?

1) – Выставка будет с 5 (пятого) по 20 (двадцатое) мая в Музее современного искусства.

2) – Если я правильно помню, выставка будет 15 (пятнадцатого) сентября в галерее.

3. – У вас есть домашние животные? Если да, то кто?

1) – Да, у меня есть кошка. Её зовут Муся. Ей 2 года. (Нет, у меня нет домашних животных, потому что у меня аллергия).

2) – Да, у меня есть собака. Её зовут Джери. Ей 4 года. (Нет, у меня нет домашних животных, потому что мои родители не хотят покупать кошку или собаку).

4. – Скажите, куда вы поедете летом отдыхать?

1) – Летом я поеду отдыхать в Европу. Хочу посмотреть Францию, Англию, Чехию.

2) – Летом я планирую поехать в Россию. Я ещё не видел(а) Москву и Санкт-Петербург.

5. – Я не знаю адрес больницы. Где находится больница? Это далеко отсюда? Можно дойти пешком?

1) – Больница находится в центре города, далеко отсюда. Вы не сможете дойти пешком, лучше поехать на автобусе.

2) – Это очень далеко отсюда. Нужно ехать сначала на автобусе, потом на метро. Больница находится около станции метро «Петроградская».

Задание 2 (позиции 6–10). Познакомьтесь с ситуацией. Начните диалог.

6. Сегодня первый учебный день в университете. Расскажите о себе на уроке.

1) Здравствуйте! Меня зовут Ли Гвансу. Мне 23 года. Я студент, учусь на третьем курсе, изучаю русский язык. Приятно познакомиться!

2) Добрый день! Меня зовут Хон Гильдон. Мне 21 год. Я учусь на экономическом факультете. В свободное время изучаю русский язык. Приятно познакомиться!

7. У вас завтра день рождения. Пригласите друга (подругу) на свой праздник.

1) Привет, Саша! Завтра мой день рождения. Приглашаю тебя на вечеринку. Приходи в 6 часов вечера ко мне в гости!

2) Оля, здравствуй! Завтра будет мой день рождения. Хочу пригласить тебя в гости. Приходи в 7 часов ко мне домой! Я живу на улице Пушкина, дом 31, квартира 68.

8. Ваш друг потерял телефон на улице. Посоветуйте, что ему делать.

1) Серёжа! Советую тебе позвонить в полицию. Они помогут найти твой телефон.

2) Никита! Ты потерял телефон? Тебе надо позвонить в полицию.

9. Вчера вы не были на уроке. Позвоните преподавателю и объясните, почему вы не пришли на урок.

1) Алло! Здравствуйте, Ольга Михайловна! Это Суён. Извините, я вчера не была на уроке, потому что приехали мои родители, я встречала их в аэропорту.

2) Алло! Здравствуйте, Татьяна Игоревна! Это Хёну. Извините меня, я вчера не пришёл на урок, потому что плохо себя чувствовал и ходил в больницу.

10. Недавно вы посмотрели новый фильм. Расскажите об этом фильме другу (подруге): как он называется, о чём этот фильм, кто в главных ролях, какой это фильм (грустный или весёлый, интересный или скучный).

1) Анна, привет! Я недавно посмотрел(а) фильм, который называется «Ла-Ла Ленд». Это фильм о любви, очень интересный и весёлый. В главных ролях – Райан Гослинг и Эмма Стоун. Советую тебе тоже посмотреть.

2) Лена, привет! Я вчера посмотрел(а) фильм «Сибирский цирюльник». Это фильм о русской истории и о любви, немного грустный, но интересный. В главной роли – Олег Меньшиков. Очень советую тебе тоже посмотреть.

Задание 3 (позиции 11–12).

11. Прочитайте текст, кратко изложите его содержание.

Я прочитал(а) текст, который называется «Ёлка». Герои рассказа – дети Лёля, Минька и их родители.

Это было перед Новым годом. В доме стояла большая красивая ёлка с подарками.

Когда мама была на кухне, дети вошли в комнату, чтобы что-нибудь съесть с ёлки. На ёлке были орехи, конфеты, яблоки… Лёля съела конфету, а Минька начал есть яблоко. Потом Лёля съела ещё одну конфету, и Минька съел ещё кусочек яблока. Когда Лёля хотела съесть ещё одну конфету, взять орех и игрушку, Минька взял стул, хотел поставить его около ёлки, но стул упал на подарки, и подарки сломались.

В дом пришли гости. Мама каждому ребёнку давала подарок и сладости. Потом мама увидела яблоко, которое ел Минька, и сказала, что одному мальчику она даст машинку, которую хотела подарить Миньке. Минька рассердился. Мама мальчика сказала, что Минька будет плохим человеком. Тогда мама Миньки сказала гостям, что они могут уходить домой. И ещё одна мама рассердилась, потому что её дочь получила игрушку, которую кто-то сломал. И Лёля была рада, что она получит эту игрушку.

Гости ушли. Пришёл папа и сказал, что ему жаль, что у него такие плохие дети. Поэтому автор никогда больше так плохо не делал.

12. Расскажите, что вы думаете о героях и ситуации в рассказе.

Первый вариант ответа

Я думаю, что дети неправильно делали, когда ели сладости до начала праздника. Нужно было ждать, когда придут гости, не брать еду и подарки. Папа правильно научил своих детей дружить с людьми. Поэтому автор стал хорошим человеком.

Второй вариант ответа

Я считаю, что дети любят сладости и игрушки. Поэтому Минька и Лёля не плохие дети, а обычные. Все в детстве делают маленькие ошибки, но потом растут и становятся хорошими людьми.

Задание 4. Подготовьте сообщение на тему: «Мой день».

Первый вариант ответа

Здравствуйте! Меня зовут Сынхван. Мне 22 года, я студент, учусь в университете.

Сейчас я живу один, в общежитии около университета.

Обычно я встаю в 8 часов утра. Потом принимаю душ. Примерно в 8:30 я завтракаю. На завтрак я ем рис, суп, пью воду.

Потом я иду в университет. Каждый день у меня 3–4 урока.

В 12 часов бывает обед. Я обедаю с друзьями в столовой. Там вкусно и недорого. Меню каждый день разное: иногда лапша, иногда рис, иногда пицца…

Я учусь до 17 часов, возвращаюсь в общежитие в 17:15.

Обычно я ужинаю дома один. У меня есть рисоварка. Я готовлю себе рис, покупаю закуски. После ужина я иду в библиотеку. Там я занимаюсь до 20 часов. Потом возвращаюсь в общежитие, немного играю в компьютерные игры, ложусь спать около 12 часов ночи. Это мой обычный день.

Второй вариант ответа

Добрый день! Я Харим. Мне 28 лет. Я работаю в компании.

Я замужем, мы живём в своём доме, в Сеуле.

Я встаю в 7 часов, принимаю душ, сразу иду на работу. Завтракаю я на работе: пью кофе с булочкой.

Каждый день у меня много работы. Я встречаюсь с разными людьми, много звоню по телефону, работаю с документами.

Обедаю в столовой на работе. Обычно покупаю суп и рис или рис и мясо. Мой рабочий день – до 6 часов. Потом я еду домой на метро.

Ужинаю дома с мужем. На ужин мы едим мясо или рыбу, закуски.

После ужина иногда смотрю телевизор, иногда разговариваю по телефону с подругами. Обычно я ложусь спать в 11 часов вечера.

답안지

Рабочие матрицы

ЛЕКСИКА. ГРАММАТИКА

Имя, фамилия _____   Страна _____   Дата _____

Часть 1	1	А	Б	В	Г
	2	А	Б	В	Г
	3	А	Б	В	Г
	4	А	Б	В	Г
	5	А	Б	В	Г
	6	А	Б	В	Г
	7	А	Б	В	Г
	8	А	Б	В	Г
	9	А	Б	В	Г
	10	А	Б	В	Г
	11	А	Б	В	Г
	12	А	Б	В	Г
	13	А	Б	В	Г
	14	А	Б	В	Г
	15	А	Б	В	Г
	16	А	Б	В	Г
	17	А	Б	В	Г
	18	А	Б	В	Г
	19	А	Б	В	Г
	20	А	Б	В	Г
	21	А	Б	В	Г
	22	А	Б	В	Г
	23	А	Б	В	Г
Часть 2	24	А	Б	В	Г
	25	А	Б	В	Г

	26	А	Б	В	Г
	27	А	Б	В	Г
	28	А	Б	В	Г
	29	А	Б	В	Г
Часть 3	30	А	Б	В	Г
	31	А	Б	В	Г
	32	А	Б	В	Г
	33	А	Б	В	Г
	34	А	Б	В	Г
	35	А	Б	В	Г
	36	А	Б	В	Г
	37	А	Б	В	Г
	38	А	Б	В	Г
	39	А	Б	В	Г
	40	А	Б	В	Г
	41	А	Б	В	Г
	42	А	Б	В	Г
	43	А	Б	В	Г
	44	А	Б	В	Г
	45	А	Б	В	Г
	46	А	Б	В	Г
	47	А	Б	В	Г
	48	А	Б	В	Г
	49	А	Б	В	Г
	50	А	Б	В	Г

	51	А	Б	В	Г		76	А	Б	В	
	52	А	Б	В	Г		77	А	Б	В	
	53	А	Б	В	Г		78	А	Б	В	
	54	А	Б	В	Г		79	А	Б	В	
	55	А	Б	В	Г		80	А	Б	В	
	56	А	Б	В	Г		81	А	Б	В	
	57	А	Б	В	Г		82	А	Б	В	
	58	А	Б	В	Г		83	А	Б	В	
	59	А	Б	В	Г		84	А	Б	В	
Часть 4	60	А	Б	В			85	А	Б	В	
	61	А	Б	В		Часть 5	86	А	Б	В	Г
	62	А	Б	В			87	А	Б	В	Г
	63	А	Б	В			88	А	Б	В	Г
	64	А	Б	В			89	А	Б	В	Г
	65	А	Б	В			90	А	Б	В	Г
	66	А	Б	В			91	А	Б	В	Г
	67	А	Б	В			92	А	Б	В	Г
	68	А	Б	В			93	А	Б	В	Г
	69	А	Б	В			94	А	Б	В	Г
	70	А	Б	В			95	А	Б	В	Г
	71	А	Б	В			96	А	Б	В	Г
	72	А	Б	В			97	А	Б	В	Г
	73	А	Б	В			98	А	Б	В	Г
	74	А	Б	В			99	А	Б	В	Г
	75	А	Б	В			100	А	Б	В	Г

ЧТЕНИЕ

Имя, фамилия _____ Страна _____ Дата _____

Часть 1	1	А	Б	В
	2	А	Б	В
	3	А	Б	В
	4	А	Б	В
	5	А	Б	В
Часть 2	6	А	Б	В
	7	А	Б	В
	8	А	Б	В
	9	А	Б	В
	10	А	Б	В
Часть 3	11	А	Б	В
	12	А	Б	В
	13	А	Б	В
	14	А	Б	В
	15	А	Б	В
	16	А	Б	В
	17	А	Б	В
	18	А	Б	В
	19	А	Б	В
	20	А	Б	В

	21	А	Б	В
	22	А	Б	В
	23	А	Б	В
	24	А	Б	В
	25	А	Б	В
Часть 4	26	А	Б	В
	27	А	Б	В
	28	А	Б	В
	29	А	Б	В
	30	А	Б	В
	31	А	Б	В
	32	А	Б	В
	33	А	Б	В
	34	А	Б	В
	35	А	Б	В
	36	А	Б	В
	37	А	Б	В
	38	А	Б	В
	39	А	Б	В
	40	А	Б	В

АУДИРОВАНИЕ

Имя, фамилия _____   Страна _____   Дата _____

Часть 1	1	А	Б	В
	2	А	Б	В
	3	А	Б	В
	4	А	Б	В
	5	А	Б	В
Часть 2	6	А	Б	В
	7	А	Б	В
	8	А	Б	В
	9	А	Б	В
	10	А	Б	В
Часть 3	11	А	Б	В
	12	А	Б	В
	13	А	Б	В
	14	А	Б	В
	15	А	Б	В

Часть 4

Хёну позвонил (куда?)	в бассейн
16. Он будет плавать (в какое время?)	
17. Он будет приходить (в какие дни?)	
18. Это стоит (сколько рублей в месяц?)	
19. Чтобы не опоздать, надо прийти (в какое время?)	
20. Нужно взять с собой (что?)	
21. До бассейна можно доехать (на чём?)	
22. Хёну (сколько лет?)	
23. Телефон Хёну	

Часть 5

Вы слушали объявление	об экскурсии
24. Экскурсия по городу (какому?)	
25. Экскурсия будет (когда?)	
26. Экскурсия будет (в какое время?)	с… до…
27. Вы получите в подарок (что?)	
28. Экскурсия стоит (сколько рублей?)	
29. Нужно взять с собой (что?)	
30. Турфирма находится (где?)	

ДЛЯ ЗАМЕТОК

ДЛЯ ЗАМЕТОК

Дорога в Россию идет через Пушкинский дом!

러시아로 가는 길에 뿌쉬낀하우스가 있습니다!

러시아 교육문화센터
뿌쉬낀하우스 는

2002년 러시아와 한국을 잇는 문화적 가교의 역할을 담당하고자 하는 취지로 개원하여 러시아어 교육과 러시아 관련 도서의 출판, 문화교류 등의 분야에서 선도적인 역할을 하고 있습니다.

뿌쉬낀하우스
온라인스쿨 은

www.pushkinonline.co.kr

10여 년 동안 러시아어 교육분야에서 쌓아온 최고의 노하우를 여러분께 공개합니다.
이제 러시아어 전문 강사가 제공하는 최고의 강의를 온라인에서도 만나실 수 있습니다.

러시아 교육문화센터
뿌쉬낀하우스
교육센터 / 문화센터 / 출판센터
Tel. 02)2237-9387   Fax. 02)2238-9388
http://www.pushkinhouse.co.kr